# Los desafíos de ser mamá

## Anita V. Sanders

Ediciones Afrodita

# Contenido:

## Primeras palabras:

Creo que es justo decir que cada una de nosotras entra en la maternidad con un conjunto de creencias o expectativas sobre lo que significa ser una buena madre. Desarrollamos estas creencias a partir de la presión de nuestras comunidades y la sociedad en su conjunto, las experiencias con nuestros propios padres y a través de las expectativas de los amigos, la familia y los medios de comunicación. Estas influencias externas pueden tener tanto poder e influencia sobre nosotras que cuando finalmente nos convertimos en madres, es insoportablemente difícil escuchar nuestras propias ideas sobre lo que significa esta "buena mamá".

Tan difícil, de hecho, que la ansiedad, la depresión y la emoción abrumadora pueden aferrarse como locos a nuestra nueva identidad.

Una buena madre, a menudo llamada madre suficientemente buena, hace todo lo posible para:

• Enseñarle a su hijo cómo vivir la vida al máximo
• Estar ahí para sus hijos cuando la necesiten
• Enseñarle a su hijo la importancia de la autoestima
• Proporcionar comida, refugio y amor.
• Ser un buen ejemplo para sus hijos
• Tomarse un tiempo para divertirte con sus hijos.
• Dejar espacio para que sus hijos cometan errores y aprendan de ellos.
• Enseñarles a sus hijos el verdadero significado de AMAR.

# Capítulo 1
# Las 5 etapas de la niñez.

Etapa 1: Desarrollo cognitivo
Etapa 2: Desarrollo social y emocional
Etapa 3: Desarrollo del habla y el lenguaje
Etapa 4: Desarrollo de la habilidad motora fina
Etapa 5: Desarrollo de la habilidad motora gruesa

¿Tienes un hijo? Para cualquier hogar, un niño es el centro de atracción. Nada hace la vida más animada que la presencia de un bebé.

Un niño necesita cuidados adecuados para su desarrollo. Y para el cuidado, los padres deben conocer las etapas de desarrollo del niño. Cada etapa es muy importante para un crecimiento adecuado.

Por lo tanto, tomemos un momento para revisar rápidamente el desarrollo del niño y las cinco etapas asociadas para que puedas tener el poder de ser la mejor madre posible.

### ¿Qué es el desarrollo infantil?

Cada niño tiene varias etapas de crecimiento. El patrón de crecimiento es similar entre diferentes niños. Algunos pequeños pueden pasar por una fase muy rápida, mientras que otros pueden tardar mucho en desarrollarse.

Cada etapa de desarrollo tiene un hito que alcanzar. De ahí que muchos especialistas lo llamen hitos de desarrollo.

Hay mucho que comprender sobre el crecimiento infantil. En este capítulo, compartiremos sobre las cinco etapas del desarrollo de un niño.

## 1.    Desarrollo cognitivo

Las habilidades cognitivas son el poder de resolver un problema. Este desarrollo puede variar según las edades.

Un niño siempre está aprendiendo a resolver nuevos problemas. En primer lugar, cuando el niño se mueve y toca objetos, está recopilando información sobre los alrededores.

De manera similar, un niño mayor de cinco años está aprendiendo a resolver problemas matemáticos. Ambas son etapas diferentes del desarrollo cognitivo infantil.

## 2.    Desarrollo social y emocional

Una de las cosas importantes que debe aprender es cómo interactuar con los demás.

La interacción con las personas puede variar según las personas que las rodean.

Por ejemplo, cómo juega un niño con otros niños en una habitación o cómo reacciona con un adulto.

A medida que crecen, aprenden a sonreír, ayudan a los demás cuando lo necesitan o aprenden a controlarse. Todos estos son parte del desarrollo emocional.

Por ejemplo, un bebé de pocos meses aprendería a sonreír a los demás. Del mismo modo, un niño mayor está aprendiendo a saludar a las personas.

### 3.    Desarrollo del habla y el lenguaje

Cuando nace un bebé, no entiende ningún idioma. Sin embargo, con el tiempo, a medida que ve cómo las personas responden con palabras, su comprensión del lenguaje también aumenta.

Por lo general, un niño tarda un poco en aprender a hablar. Al principio, un bebé comienza a responder a las palabras.

Entiende cómo se nombran diferentes personas, cómo hacerles saber algo que el necesita.

Después de un tiempo, comienza a usar palabras para expresar sus necesidades. Esa es la primera etapa del desarrollo del lenguaje.

Cuando el bebé tiene un año, aprende a usar palabras. Durante el año siguiente, aprenderá a nombrar objetos, etc. Luego, a medida que crezca, su comprensión del lenguaje seguirá aumentando.

### 4.    Desarrollo de la motricidad fina

El desarrollo del movimiento humano está relacionado con el crecimiento de nervios y células musculares. Los músculos se contraen y relajan para provocar cualquier movimiento simple de la vida.

Para ello, los músculos del bebé deben desarrollarse para permitir los movimientos adecuados. Los huesos necesitan fortalecerse para sostener el cuerpo al agarrar un objeto o levantarlo.

Todos los movimientos simples necesitan un trabajo complejo en los músculos para completar incluso los movimientos más simples.

## 5.    Desarrollo de la motricidad gruesa

Hay otras etapas de movimientos en el período de crecimiento de un niño. Estos son los grandes movimientos tales como ponerse de pie, aprender a caminar y luego correr.

En cada una de las etapas, los músculos deben ser lo suficientemente fuertes como para brindar apoyo al cuerpo en desarrollo. Cuando el bebé es pequeño, la médula espinal, los huesos y los músculos no son lo suficientemente fuertes como para sentarse. Sin embargo, después de algún tiempo, cuando el desarrollo es correcto, el bebé aprende a sentarse. Del mismo modo, después de un tiempo, cuando el bebé siente que las piernas son lo suficientemente fuertes, comienza a ponerse de pie.

Sin un desarrollo muscular adecuado, los movimientos en cada una de estas etapas no serían posibles.

### Lo que debemos saber como madres:

Como puedes ver, las etapas de desarrollo del niño son muy importantes para una vida normal. Para el desarrollo del habla, debes comunicarse regularmente con tus hijos.

Del mismo modo, para el desarrollo de los músculos, deberás ayudarlo a caminar por diferentes lugares. También necesitarán aprender a interactuar con las personas.

Cada una de las etapas discutidas anteriormente es muy importante. A veces, puede ser difícil para una madre ayudar a sus hijos en todas estas etapas. Y está bien, criar hijos es un trabajo difícil después de todo.

Por lo tanto, está bien buscar ayuda de expertos en áreas que puedan ser motivo de preocupación.

# Capítulo 2
# La estructura emocional
# del niño

Una gran cantidad de desarrollo social y emocional tiene lugar durante la primera infancia. A medida que los niños experimentan rabietas, cambios de humor y un mundo social en expansión, deben aprender más sobre sus emociones y las de otras personas.

## Experiencias socioemocionales de la primera infancia

A lo largo de la niñez, las rabietas son bastante comunes. ¡Hay una buena razón por la que la gente a menudo se refiere a esta etapa como los "terribles dos"!

Los niños pequeños tienden a tener cambios de humor rápidos. Si bien sus emociones pueden ser muy intensas, estos sentimientos también suelen ser de corta duración. Es posible que te sorprendas de cómo tu hijo puede pasar de gritar histéricamente sobre un juguete en un momento, a sentarse frente al televisor en silencio y mirar su programa favorito momentos después.

Los niños de esta edad pueden ser muy posesivos y tener dificultades para compartir. Sin embargo, aprender a llevarse bien con otros niños es una habilidad esencial. En solo unos pocos años, tu hijo pasará de pasar la mayor parte de su tiempo con la familia y amigos cercanos, a pasar una gran parte del día interactuando, aprendiendo y jugando con otros niños en la escuela.

El desarrollo emocional y las habilidades sociales son esenciales para la preparación escolar. Ejemplos de tales habilidades incluyen prestar atención a las figuras adultas, pasar fácilmente de una actividad a la siguiente y cooperar con otros niños.

## Desarrollo de las habilidades sociales y emocionales

Entonces, ¿cómo puedes ayudar a tu hijo a aprender a jugar bien con los demás? La competencia social no solo implica la capacidad de cooperar con los compañeros; también incluye cosas como la capacidad de mostrar empatía, expresar sentimientos y compartir generosamente. Afortunadamente, hay muchas cosas que puede hacer para ayudar a tus hijos a desarrollar estas importantes habilidades sociales y emocionales.

## Modela comportamientos apropiados

La observación juega un papel vital en la forma en que los niños pequeños aprenden cosas nuevas. Si tu hijo te ve expresando gratitud, siendo útil y compartiendo sentimientos, tu hijo tendrá una buena comprensión sólida de cómo interactuar con otras personas fuera del hogar.

Puedes modelar estas respuestas en tu propio hogar tanto con él como con otros miembros de la familia. Cada vez que dices "por favor" o "gracias", estás demostrando cómo te gustaría que se comportaran tus hijos.

### Reforzar el buen comportamiento

Más importante aún, asegúrate de felicitar a tus hijos cuando demuestren buenos comportamientos sociales. Ayudarlos a sentirse bien consigo mismos también juega un papel importante en el desarrollo de un sentido de empatía y competencia emocional. Al crear un clima positivo en el que los niños puedan compartir sus sentimientos, ellos naturalmente comenzarán a ser más generosos y reflexivos.

El refuerzo no solo hace que los niños pequeños se sientan bien consigo mismos, sino que también les ayuda a comprender por qué ciertos comportamientos son deseables y dignos de elogio.

### Enseñar empatía

Las madres también pueden fomentar la empatía y desarrollar la inteligencia emocional al animar a sus hijos a pensar en cómo se sienten otras personas. Comienza preguntando sobre los propios sentimientos de tu hijo, preguntándole sobre los acontecimientos de su vida. "¿Cómo te sentiste cuando perdiste tu juguete?" "¿Cómo te hizo sentir esa historia?"

Una vez que los niños adquieran la habilidad de expresar sus propias reacciones emocionales, comienza a hacer preguntas sobre cómo se pueden sentir otras personas. "¿Cómo crees que se sintió Karina cuando le quitaste el juguete con el que estaba jugando?"

Al responder a preguntas sobre las emociones, los niños pueden comenzar a pensar en cómo sus propias acciones podrían afectar las emociones de quienes los rodean.

## Enseñar cooperación

La cooperación es una habilidad que se beneficia enormemente de la experiencia directa. Darle a tu hijo la oportunidad de interactuar y jugar con otros niños es una de las mejores formas de enseñarle a cómo relacionarse con los demás. Si bien tu niño pequeño puede encontrar frustrante a veces jugar con sus compañeros, dado que los niños a menudo carecen de paciencia y la capacidad de compartir, las cosas comenzarán a mejorar gradualmente con la edad y la experiencia.

A medida que los pequeños juegan e interactúan, también comienzan a desarrollar habilidades de resolución de problemas sociales. Los primeros intentos pueden involucrar muchas discusiones y conflictos con hermanos y compañeros, pero eventualmente, los niños aprenden a negociar y comprometerse con otros niños.

## Fomentar la auto confianza

La confianza es extremadamente importante para que un niño se desarrolle en las primeras etapas de la vida, y que pueda ir superando los continuos obstáculos que se le presentan. Hay muchas formas diferentes en las que puedes ayudar a tu hijo a desarrollarla.

Si eres nueva en la crianza de niños, probablemente hay muchas cosas de las que no estás completamente segura de cómo hacerlo. No te preocupes; al igual que cualquier otro desafío que hayas enfrentado en tu vida, es alcanzable. Todo lo que necesitas hacer es aprender algunas técnicas útiles y reservar algo de tiempo extra para tu hijo, y desarrollar su confianza en sí mismo será tan fácil como caminar por el parque.

Los niveles de confianza de una persona en la adultez se ven muy afectados por el nivel de confianza que tenía de niño. Ésta es una de las principales razones por las que es tan importante que infundas una gran cantidad de autoestima en tu hijo. Con un poco de esfuerzo y tiempo, él seguramente desarrollará esta habilidad crucial para la vida.

Hay algunas cosas que como madres necesitarás hacer. Los siguientes son algunos ejemplos:

## •Siempre hazte tiempo:

Es importante que siempre hagas tiempo para tu hijo, ¡sin importar lo ocupada que estés! Demostrar que tu hijo es antes que todo lo demás, es una manera excelente de desarrollar la auto confianza y la autoestima del pequeño. Se recomienda tomarse el tiempo para programar actividades con el niño que puedan ayudarlo con el proceso de desarrollar su ego. Esto podría llevarlos a hacer algo en lo que son buenos o incluso a probar algo nuevo. Esto les mostrará que son talentosos, lo que es un gran refuerzo de confianza.

Un ejemplo podría ser llevar a un niño al parque para jugar a la pelota.

Si a tu hijo no le gustan los deportes, llévalo a un evento que le permitirá mostrar su conocimiento sobre las cosas, y asegúrate siempre de demostrar lo impresionada que estás.

Es importante que, como madre, te asegures de participar en su vida. Esto no significa cuando sea conveniente, significa en todo momento, incluso cuando sea difícil. Puede que tengas que hacer cosas que no te interesan o asistir a eventos que pueden resultarte aburridos. No importa, debes involucrarte. Estar involucrada en su existencia le demuestra que realmente te preocupas por él.

Debes hacerle preguntas sobre su vida y cómo siente que todo le va. Debes tratar de descubrir las áreas en las que puedes ayudarlos a desarrollar su confianza y abrir nuevas oportunidades para ellos durante estas discusiones. Un buen momento para hacer esto sería durante la cena, con la familia comiendo como un todo en la mesa del comedor y no frente al televisor en el sofá. Si bien es importante salir y hacer las cosas que le interesan al niño, debes establecer momentos familiares específicos en los que toda la familia pase el tiempo como un todo. Esto nutre en gran medida la salud de una relación familiar y hace que sea más probable que tu hijo se abra contigo sobre su vida.

Debes tener especial cuidado para no entrometerse profundamente en su vida. Tratar de involucrarse demasiado puede hacer que tu hijo se sienta como si lo estuvieras invadiendo o tratando de controlarlo. Debes tener en cuenta que es su vida y aunque quizás no estés de acuerdo con algunas de sus decisiones, debes dejar que aprendan por su cuenta.

Tener una cantidad saludable en la participación sin intentar invadir la vida es una receta perfecta para una familia feliz y un niño seguro

### • No seas demasiada dura:

Aunque es importante no ser demasiado fácil, también es importante no ser demasiada dura con él. Ser muy suave con el niño probablemente no inculcará la moral adecuada o no le enseñará a ser responsable; por otro lado, ser demasiada dura probablemente conducirá a una baja confianza, porque el niño sentirá que nunca hace nada bien. Tú, como madre, debes encontrar el término medio y ser igualitaria con su disciplina. No todos los niños responderán al mismo tipo de maternidad, por lo que es importante experimentar y ver qué funciona mejor.

### • Debes ser un ejemplo positivo:

Es tu trabajo como madre dar un ejemplo positivo a tu hijo y ser un modelo a seguir. Uno de los rasgos de personalidad que tu hijo probablemente aprenderá de ti es su nivel de confianza en sí mismo. Es importante que siempre parezca que tienes la situación bajo control y que creas completamente en ti misma. Además, nunca hables negativamente de ti frente a él, porque esto probablemente hará que desarrolle el mismo hábito.

**• Demuestra que crees en ellos:**

El proceso de demostrarle a tu hijo que crees en ellos se puede completar de muchas formas diferentes. A menudo, lo que funciona para un niño no tendrá el mismo impacto en otro. Esto significa que probablemente tendrás que probar cosas diferentes hasta que encuentres algo que funcione. Si no sabes por dónde empezar, a continuación, te proporciono algunos ejemplos:

**• Anima a tu hijo a probar cosas nuevas**: Alentar a tu hijo a probar cosas nuevas es una excelente manera de desarrollar su confianza y demostrarle que crees plenamente en sus habilidades para lograr algo. Presta atención a las cosas que tu hijo dice, especialmente cuando se trata de lo que le gustaría hacer, pero no siente que sería bueno en eso. Utiliza esta situación como una forma de demostrar que crees en ellos animándolos a intentarlo. Dile que crees en él y que puede hacer cualquier cosa que se proponga. Es importante explicarle que es posible que no sea bueno en algo cuando comienza, pero con el tiempo y la práctica mejorará mucho.

**• Sácalo de su zona de confort**: Cuando un niño está atrapado en una zona de confort, sus posibilidades de desarrollar su confianza en sí mismo son mucho menores que las de un niño que siempre se desafía a sí mismo. Enseñarle a tu hijo a desafiarse a sí mismo mejorará enormemente su confianza, al mismo tiempo, le mostrará que tú crees que puede hacer cualquier cosa.

**• Presumir de tu hijo**: Presumir de él puede ser una excelente manera de desarrollar su confianza y demostrarle que crees en él. Esto es especialmente cierto si el fanfarroneo se hace frente a ellos. Cuéntale a otras personas sus logros y las cosas que crees que lograrán en el futuro, ya que esto seguramente aumentará su confianza. Sin embargo, no presumas demasiado porque esto puede hacer que el niño se vuelva cabezota.

### Cuidado con los matones:

El acoso escolar se está volviendo cada vez más popular. Es probable que esto se deba al hecho de que los niños pueden intimidarse entre sí en cualquier momento y lugar gracias a las redes sociales. La intimidación es probablemente una de las formas más rápidas en que se puede destruir la auto confianza de un infante. Los acosadores a menudo sufren de poca confianza en sí mismos, para tratar de sentirse mejor, también intentan disminuir la de los demás. ¡Es por eso que debes estar atenta a las señales de que tu hijo está siendo acosado y ponerle fin de inmediato! Algunos ejemplos de comportamientos que el niño acosado puede exhibir mientras sufre bullying son:

- De repente ya no quiere ir a la escuela
- Depresión
- Ansiedad
- Temor
- Menos interacciones sociales
- No parecerse a ellos mismos
- No querer hablar sobre su día escolar

Si notas alguno de estos signos, debe actuar de inmediato.

### Los peligros de la poca confianza en uno mismo

Algunos ejemplos de los impactos negativos que la baja autoconfianza puede tener en un niño son los siguientes:

- **Miedo a probar cosas nuevas:**

Si tu hijo tiene bajos niveles de confianza en sí mismo, probablemente le resultará difícil probar cosas nuevas. El miedo al fracaso se apoderará de ellos una y otra vez.

- **Malos impactos sociales:**

Una tarea tan simple como acercarse a alguien para saludar puede parecer imposible si una persona tiene poca confianza en sí. Para poder hablar con otras personas y mantener la cabeza en alto, debe tener mucha seguridad. Esto también puede extenderse al aula y el aprendizaje. Por ejemplo, si tu hijo tiene niveles muy bajos de confianza, es probable que tenga miedo de acercarse a un maestro a pedirle ayuda con lo que no entiende. Preferirían simplemente tomar la calificación reprobatoria porque no tienen que interactuar socialmente de esta manera.

- **Problemas emocionales:**

Es probable que ciertos problemas emocionales sean causados por períodos prolongados de poca confianza. Estos problemas emocionales pueden incluir pérdida de felicidad, ansiedad, depresión, irritabilidad y, en casos extremos, suicidio. El suicidio ocurre con mayor frecuencia cuando un niño siente que no es nada y nunca será nada. A veces ocultan este sentimiento a sus padres y otras veces sus padres no prestan suficiente atención, de cualquier manera, es terrible que un niño haga esto.

Todos estos problemas emocionales pueden tener un impacto en la vida presente y futura del niño. Es por eso que debe ser tu máxima prioridad como madre, asegurarte de que se sienta bien consigo mismo y que tenga altos niveles de auto confianza.

## El comportamiento agresivo de los niños

A veces, algunos niños se vuelven agresivos por una razón desconocida. Golpean, muerden o empujan, lo que los lleva a lastimar a otras personas. No deseas que tu hijo mantenga este comportamiento, por lo que saber cómo detenerlo hoy debería ser de gran ayuda.

La crianza de los hijos nunca es fácil y los padres son todos humanos. Cada vez que tu hijo se expresa de manera rebelde, tú sientes mucho estrés. Hablar de este asunto debería ser de gran ayuda para los padres que se enfrentan a niños abiertamente insolentes o cuando se enfrentan a niños agresivos.

Esto no es una cosa fácil de manejar y simplemente es más fácil decirlo que hacerlo en varios casos. Sin embargo, los pequeños métodos que se describen a continuación deberían ayudarte a mantener la calma cada vez que él presione esos botones de alerta. Estos métodos son los siguientes:

• **Cuenta hasta diez**. Esto puede sonar extraño, pero realmente funciona de maravilla. Permite que tu hijo vea esto mientras lo haces. Mientras cuentas, respira profunda y lentamente. Además, imagínate tranquila, mientras atraviesas el escenario con buenos resultados.

• **Muestra algo de autoridad**. Deja en claro que nadie tiene la verdadera autoridad sobre ti, excepto cuando lo permites. Además, es tu elección molestarte o enojarte. Recuerda que, si entregas más poder, tu hijo insolente tendrá menos poder que quitarle. No hay nadie más, pero tú tendrás la clave de tus acciones individuales.

• **Supervisa siempre su progreso**. Crea una lista de los incidentes en los que has tenido éxito al lidiar con el comportamiento agresivo del niño. Y luego, si parece flaquear, recuerda los buenos tiempos en los que prevaleció y obtén lo mejor de la situación.

• **Dite a sí misma que no durará mucho**. Piensa que simplemente pasará y que nada durará para siempre. Tu hijo eventualmente crecerá, ya sea desafiante o agresivo, probablemente más rápido de lo que realmente le gustaría.

• **Siéntete bien por ser responsabl**e. Recuerda lo bien que se siente asumir la responsabilidad de sus reacciones emocionales. Tómate un tiempo para pensamientos y sentimientos positivos.

• **Siempre toma las cosas de manera positiva**. Considera la idea de que alguien más siempre se lo toma más difícil que ti y que tu experiencia no se puede comparar con la de otra persona. Recuerda que, a mayor prueba, más satisfactorio y mayor se sentiría el triunfo. Úsalo como su motivación hasta que llegues allí y, finalmente, lo harás.

• **No respondas a la agresión con agresión**. Ten en cuenta que responder a un comportamiento agresivo con otro comportamiento agresivo nunca es buena idea. Esto solo validará y reforzará el comportamiento del niño. Tu hijo quiere desesperadamente volverse como ti; y él o ella imitaría cualquier actitud que tú muestres.

• **Conviértete en un ejemplo**. Si deseas enseñarle a tu hijo buenos comportamientos, deberás practicar las cosas que predicas para guiar su mal actuar de manera efectiva en la dirección correcta. Siempre enseña y demuestra tu capacidad para manejar tus emociones. Ten en cuenta que la atención se centra en ti. Por lo tanto, cada vez que te sientas tentada a maldecir o gritar, detente y luego reconsidera esa línea de pensamiento.

• **Enséñale a tu hijo las alternativas**. Muestra y enséñale a tu hijo algunas técnicas alternativas para manejar sus emociones. Proporciona enfoques que sean más constructivos y positivos. Déjalo aprender las formas de dirigir sus emociones con expresión creativa. Anímalo a que te informe siempre que se sienta molesto o enojado cuando sea posible.

• **Reconoce sus esfuerzos de manera constante**. Los niños exigen consecuencias positivas una vez que siguen las reglas de la ira, mientras que necesitan consecuencias negativas una vez que las rompen.

Las consecuencias son particularmente cruciales para ellos, que normalmente enfrentan dificultades con el manejo de la ira. Una economía simbólica o un sistema de recompensas pueden ofrecer un incentivo adicional para ayudarlos a mantener la calma y aplicar sus habilidades para manejar su enojo de manera segura.

Por cualquier comportamiento agresivo que se presente, tiene que haber consecuencias directas. Según la edad, las consecuencias pueden incluir la pérdida de privilegios, el tiempo fuera o incluso el pago de restitución mediante la realización de tareas domésticas adicionales o la entrega de un juguete a su víctima.

Es normal que los niños tengan dificultades para controlar su enojo. Sin embargo, esta dificultad en su manejo puede resultar en algunos problemas graves para algunos niños a largo plazo. Cuando aumenta la preocupación por el comportamiento de tu hijo te recomiendo buscar ayuda profesional. Un profesional capacitado y con conocimiento puede descartar cualquier problema de salud psicológico fundamental y puede proporcionar la elaboración de un plan de manejo de la conducta.

Darles a los niños alguna razón para que les guste cambiar es normalmente tan simple como compartir un reconocimiento afirmativo. Pase lo que pase, recuerda siempre que todos los niños exigen atención. La poca atención es mucho mejor que la falta total de atención. Siempre brinda tu apoyo y aplica un estímulo positivo a sus esfuerzos siempre que sea posible. Todos esos métodos combinados con estímulo positivo deberían ayudarlo a convertirse en una persona más controlada y desarrollada.

- **Distinguir entre comportamiento y sentimientos**: Normalmente, los niños enfrentan dificultades para conocer y comprender la distinción entre comportamiento agresivo y sentimientos. Hazle saber sobre los sentimientos, permitiéndole aprender a verbalizar los suyos: decepción, frustración e ira. Básicamente, los sentimientos, como el dolor y la tristeza, están cubiertos por comportamientos agresivos. Enséñale cómo determinar y verbalizar sus sentimientos en lugar de representarlos.

Además, menciónale que sentirse enojado está bien. La ira es similar a alguna otra emoción. Solo, que sepa los momentos adecuados para sentirlo. Considerar esto ayudará a los niños a entender que hablar sobre el enojo y sentirse enojado no es malo.

• **Implementar reglas de ira**: Cuando se trata de enfado, la mayoría de las familias preestablecen reglas familiares informales con respecto a los comportamientos aceptables e inaceptables. Establece reglas caseras estrictas, que aclaren a los niños las cosas que pueden hacer cuando están enojados y los tipos de comportamientos que pueden llevar a ciertas consecuencias.

Las reglas de la ira deben centrarse en comportarse respetuosamente con los demás. Los niños deben darse cuenta de que solo porque están enojados no les da la autoridad para lastimar a nadie. Lidiar con áreas, como insultos, agresión física y destrucción de propiedad, para que sepan que no pueden tirar y romper cosas, o patear física o verbalmente cuando están furiosos.

## Los niños aprenden a mentir desde los dos años: aquí te explico cómo hacer que digan la verdad

Mentir a menudo se considera un mal comportamiento en los niños. Los cuentos de hadas y las historias populares, desde el Pedro de Esopo, hasta Pinocho, les dicen a los niños que sean honestos y nunca mientan. Pero, ¿qué podemos hacer para animar a los niños a decir la verdad?

Los niños aprenden a mentir desde los dos años. Las primeras mentiras que aprenden a decir son la negación de las malas acciones. A partir de los tres años también aprenden a decir mentiras "piadosas". Estas son mentiras que se dicen para beneficiar a otras personas o para ser corteses. Por ejemplo, un niño aprende que cuando le has hecho un regalo de cumpleaños sorpresa a mamá, no se lo dices; y cuando tu tía te da un regalo debes agradecerle, aunque sea horrible. Decir bien estas mentiras es una habilidad social importante.

Los niños pequeños comienzan a aprender a mentir a medida que maduran cognitiva y socialmente. Para mentir, los niños deben comprender que otras personas tienen sus propias creencias y pensamientos que no son los mismos que los suyos. Un niño también tiene que darse cuenta de que otras personas pueden creer cosas incorrectas. Esta es una habilidad llamada teoría de la mente y se desarrolla lentamente en los años preescolar y en el kindergarten. A medida que los niños se vuelven más capaces de pensar en lo que otras personas piensan y sienten, aprenden cuándo es apropiado mentir y cómo mentir de manera convincente.

Mentir de manera convincente es difícil para los niños pequeños. A menudo fracasan en esto, especialmente si se les hacen más preguntas. Los investigadores de un estudio encontraron que el 74% de los niños mentirosos revelaron el juego en su respuesta a una pregunta de seguimiento. Y a medida que los niños crecen, es más probable que comprendan que deben hacer coincidir la respuesta a las preguntas de seguimiento con su mentira. Alrededor del 80% de los niños de tres y cuatro años se revelaron, pero solo alrededor del 70% de los de cinco años y el 50% de los de seis y siete años lo hicieron.

No saber cuándo mentir y cómo hacerlo de manera convincente puede generar problemas para los niños mayores. Las investigaciones han demostrado que los adolescentes con menos habilidades sociales son menos convincentes cuando mienten que sus compañeros con mejores dotes sociales. La mentira persistente también es una señal de que los niños no se han desarrollado social y cognitivamente tanto como sus compañeros. Los niños que mienten a menudo son más propensos a ser agresivos, criminales o mostrar otro comportamiento perturbador.

### La prueba de la tentación:

¿Qué pueden hacer los adultos para animar a un niño a decir la verdad? Victoria Talwar, Cindy Arruda y Sarah Yachison realizaron una nueva investigación para investigar esto. Probaron a niños de entre cuatro y ocho años.

Para su estudio, el equipo utilizó la "prueba de resistencia a la tentación". En esta prueba, el investigador coloca un juguete ruidoso detrás de un niño, para que no pueda verlo. Luego, el investigador deja al niño solo con el juguete y le pide que no mire el juguete mientras tanto. Como era de esperar, alrededor del 80% de los niños sí miran el juguete. Cuando el investigador regresa, le preguntan al niño si se asomó. El niño ahora puede mentir y negar esto y el 67,5% de los niños en el estudio lo hizo.

Los investigadores querían saber si las amenazas de castigo (como "te meterás en problemas si miras a escondidas") y los llamamientos a la honestidad influían en la frecuencia con la que los niños mentían. Probaron dos apelaciones. Uno donde les dijeron a los niños que el investigador "se sentirá feliz si les dices la verdad" y otro donde les dijeron que "decir la verdad es lo correcto".

Descubrieron que, sin un llamado a decir la verdad, más del 80% de los niños mintieron, ya sea que el niño haya sido amenazado con castigarlo o no. Manifestarr que decir la verdad haría feliz al investigador redujo la mentira a alrededor del 50%, tanto para los niños amenazados como para los no amenazados. Manifestar que decir la verdad era lo correcto redujo la mentira al 40%, pero solo cuando el niño no iba a ser castigado, pero al 80% de los niños a los que se les dijo que serían castigados si miraban la verdad era lo correcto, mintió.

La investigación sugiere que, si quieres que un niño confiese un delito, debes asegurarle que no se meterá en problemas por confesar y decirle que decir la verdad te haría feliz. Y luego cruzas los dedos, el niño no es uno del 40% que probablemente mienta de todos modos.

# Capítulo 3
# El niño y la educación formal e informal

*"Cada niño es un tipo diferente de FLOR, y todos juntos, hacen de este mundo un hermoso JARDÍN".* – anónimo

Por naturaleza, los niños están llenos de felicidad y disfrute de vida. Viven lo que ven y creen. Sin embargo, es inevitable que los niños sientan miedo por algo la mayor parte del tiempo. Al igual que los adultos, ellos también enfrentan algunos desafíos que les impide aprovechar al máximo su infancia.

Los pequeños necesitan lidiar con una serie de miedos a medida que crecen. Desde ingresar a una nueva escuela hasta lidiar con un busca pleitos, se enfrentan de vez en cuando a situaciones intimidantes. Desafortunadamente, hay muchos padres que no se preocupan seriamente por ellos, incluso cuando muestran sus miedos. Este es un método de crianza incorrecto, que podría hacer que un niño sufra ataques de pánico y depresión. Si amas a tus hijos, esto es lo último que deseas que les pase, así que asegúrate de darles el apoyo que necesitan cada vez que surjan sus temores.

## Hacer que la escuela sea menos aterradora

El mayor desafío para la mayoría de los niños en edad preescolar y jardines de infantes, es la idea de estar separados de las cosas que les son familiares, en particular de sus padres. Aprende a hacer que todo sea más sencillo y fluido con las siguientes ideas.

### Facilita la transición

Si parece que tu hijo tiene miedo de ingresar a la escuela, probablemente esté pensando en separarse de ti. Puedes manejarlo llevando al niño a la escuela para una visita y hacerlo un par de veces antes del inicio del año escolar. Organiza un recorrido, participa en algunos eventos escolares y permítele usar el patio de recreo. Cada vez que un niño visita su nueva escuela y va con una sonrisa en su rostro y te mira sonriendo, está recibiendo el mensaje, diciendo que podría ser feliz mientras esté allí.

Cuando tu hijo todavía permanece contigo como un sujetador cuando la sesión de clase continúa, debes hacer que los hábitos matutinos sean predecibles, mientras que las despedidas sean breves. Una vez que te retiras de la escuela, el maestro puede distraer a tu hijo dejándolo participar en la actividad que ama. Poner una nota en su lonchera o incluso un corazón enorme es bueno para los no lectores. O tal vez, darle un amuleto "mágico" para guardar en su bolsillo y decirle que sabrá que estás pensando en él cada vez que lo toque.

Cuando tu hijo muestra ansiedad con los baños, debes averiguar la razón detrás de eso. Tiene miedo, tal vez porque le preocupa no tener suficiente tiempo para llegar allí. ¿Tiene miedo de los inodoros, ya que se descargan muy rápido? ¿Hay una experiencia aterradora en la que su compañero de clase se arrastra debajo de la puerta del baño? Abre sus miedos y luego determina y discute algunas técnicas que puedes usar para lidiar con ellos. También puedes preguntarle a su maestra a qué hora el baño está más silencioso y dejar que le diga a tu hijo que vaya durante esas horas.

El maestro es otro factor que preocupa a muchos precoces estudiantes. Entonces, deberías trabajar en esto también. A medida que se acerca el primer día de clases, muchos jóvenes estudiantes visualizan a un monstruo que "aplasta a los niños" que se sienta detrás del escritorio del maestro, especialmente cuando los hermanos mayores se burlan de ellos con historias tan exageradas. Antes de que comience el año escolar, puedes presentarle a tu hijo al maestro y dejar que piense en sus parientes o en cualquier amigo de la familia que también sea maestro.

Los niños por naturaleza son buenos aprendices. Solo necesitas facilitarle las cosas de entender y aprender. El hecho de que sienta miedo por estar en la escuela debe abordarse de manera correcta y adecuada para que pueda superar y afrontar los desafíos con éxito. Por lo tanto, asegúrese de tener en cuenta estos consejos cuando busque inscribir a su hijo en una escuela nueva para él.

## La educación en el hogar

La mayoría de las mamás y los papás no tienen mucho tiempo para educar a sus hijos y crear las habilidades básicas que se necesitan en el mundo real. Incluso, si no tienes tiempo, hay formas de solucionarlo. Por ejemplo, puedes elegir algunos materiales de aprendizaje divertidos con los que jugarán solos.

Con nuestra tecnología actual, son perfectamente capaces de aprender por sí mismos. Además, al hacer pequeñas cosas como leer para ellos, los preparará para un futuro mejor. ¿Por qué no repasar las palabras con ellos o señalar objetos desconocidos y hacer que lo pronuncien? Te sorprendería lo que pueden aprender.

Es importante que mantengas la calma con ellos mientras les enseñas. Esta experiencia debería ser divertida para ellos, así que no dejes que parezca un trabajo. Si no entienden algo, puedes pasar al siguiente tema. Los niños pequeños se aburren fácilmente con lo mismo.

Algunos padres subirán el tono cuando le enseñan a un niño y te sugerimos que no lo hagas. Nunca debes frustrarse si no pueden aprender algo. En cambio, es mejor tomarse tu tiempo e ir por una ruta diferente.

Los niños pequeños son extremadamente sensibles y es por eso que siempre debes tener paciencia con ellos.

Una vez que tu hijo vaya a su primer día de jardín de infantes, no tendrás que preocuparse de que se quede atrás. Estarán listos para conquistar el mundo y el maestro quedará impresionado con lo que puede hacer.

Al tomar decisiones educativas para tus hijos, puedes dejar una buena impresión como madre. En general, los niños que tienen inclinaciones hacia la educación tendrán más facilidad para socializar y comunicarse con otros niños. Esto significa que podrán hacer algunos buenos amigos y no se sentirán solos en su clase. Para la mayoría de los padres, esto es muy importante. La vida se trata de comunicarse con los demás.

Si el pequeño parece rebelde o está en contra de la idea de aprender sobre ciertos temas, deberás motivarlo. ¿Qué es lo que disfruta tu hijo? ¿Prefiere una determinada actividad? Si es así, debes actuar sobre lo que desea. Por ejemplo, si les encanta comer galletas y tú rara vez les da galletas, es una buena idea recompensarlo con ellas. Puedes recompensarlos por completar tareas simplemente dándoles cookies. Esperarán su próxima tarea porque saben que, si la completan, recibirán otra cookie. De esta forma es como un juego divertido para ellos.

Cuando se trata de criar siempre debes organizar todo en consecuencia. Despiértalos a la misma hora para el desayuno y comienza con las lecciones para niños pequeños al mediodía. La razón por la que hacemos esto es para que se acostumbren a un horario. Si revuelves todo, es posible que no estén de humor para aprender. Lo crea o no, algunos niños pequeños desarrollan un sentido del "tiempo". Si normalmente comen y estudian después, estarán preparados para esto.

Además, esto te permitirá relajarte y dejar de preocuparte por si participarán o no en tus lecciones. No dirán que no, porque ya saben que ha llegado el momento de aprender. Eventualmente, lo aceptarán como parte cotidiana de la vida. Esto es exactamente lo que queremos que piensen y la técnica funciona muy bien con los pequeños.


### Creando a un genio

Un genio es alguien que es inteligente, lógico, observa lo que sucede a su alrededor y resuelve problemas. Si quieres que se conviertan en genios, será necesario un trabajo duro.

Sin embargo, esto no significa que debas tomarte dos horas de tu día para enseñarles. Una breve lección está bien y sería mejor para él. No querrás prolongar la lección por tanto tiempo que eventualmente ya no quiera participar. Una lección debe durar solo de 10 a 30 minutos, dependiendo de qué tan jóvenes sean. Si quieres que tu hijo se convierta en un genio, deberás prestar atención a su progreso. A continuación, algunas características de un genio:

### Lógico

Alguien que es un genio es lógico y puede unir dos cosas, llegando a una conclusión. Digamos que tienes tarjetas de aprendizaje para tu hijo. Hay cuatro tarjetas de aprendizaje y deben averiguar qué objeto no pertenece. En las tarjetas, hay tres tipos diferentes de pájaros y un automóvil en una de las tarjetas. Obviamente, un niño que piensa de manera lógica elegirá el auto porque no se parece en nada a los pájaros.

### Observación

Si tu hijo está observando, notarás que tienden a responder a los sonidos y a las imágenes que lo rodean. Ve cuántas veces tienes que llamar a tu hijo antes de que acuda a ti. Si les toma cinco minutos antes de que acudan, es una buena idea trabajar en esto. Dales una recompensa cuando vengan. Esto ayudará con la situación. Mira de cerca para ver si responde más a los sonidos o las imágenes. Si parecen gravitar hacia las imágenes con más frecuencia, esto es una indicación de que son un aprendiz visual. Muy a menudo, los aprendices visuales se convierten en artistas más adelante, pero también hay otras profesiones.

## Inteligente

Un niño inteligente comenzará a hablar a una edad temprana e incluso les dará a los objetos los nombres propios. Si tienes un niño pequeño que recién comprende el nombre de ciertos elementos, es posible que desees ayudarlo. Señálale cada elemento y dile qué es. Solo haz esto con tres elementos a la vez para que de esta manera se pegue en su cerebro. Aprender demasiado pronto puede hacer que el niño se confunda e incluso confundir sus palabras. Esto podría tener un efecto inverso en sus actividades de aprendizaje, así que asegúrate de hacer esto. Los niños que pueden retener cierta información son naturalmente inteligentes y, al aprovechar esto, podrían llegar muy lejos. Asegúrese de trabajar con sus fortalezas y también ayúdalos con las cosas con las que tienen problemas. Te agradecerán más adelante en la vida por ser una madre tan buena.

## Transformando

Los juegos son una excelente manera de comenzar. Si tu hijo es muy pequeño, ¿por qué no iniciar un juego de pelota? Pega dos símbolos en la pelota. Puedes pegar una mariposa y un perro en ella. Pídeles que te pasen el balón que tiene el perro. Haz esto varias veces para que de esta manera puedan aprender habilidades de identificación, así como sus sustantivos.

Además, es una buena idea visitar una tienda en tu área y encontrar algunos juguetes para aprender. Asegúrate de que los juguetes sean seguros y apropiados para su edad. Si tienes un niño de dos años, ciertamente no necesitas enseñarle cosas que un niño de 6 años sabría.

Puedes adelantarte uno o dos años, pero no más. Hay muchos juegos para inventar o comprar. Hay mini juegos de computadora, juegos de palabras, juegos de símbolos, juegos geométricos, etc. No dudes en darles la opción de elegir el juego que quieran. Si tu hijo es muy pequeño, deberás elegir por ellos.

## Compra tecnología que marca la diferencia

Lo que deseo decirte con esto es que debes comprar tecnología que les enseñe el habla y la mecanografía. Este podría ser un gran paso para ellos y podrías esperar hasta que sean un poco mayores o comenzar ahora. Por ejemplo, ¿qué tal conseguir un piano que tenga teclas basadas en imágenes?

El piano les preguntará dónde están determinados animales en las teclas. Si lo hacen bien, se reproduce una canción alegre. Si está mal, la respuesta es revelada. Además de un piano, podrías optar por una computadora para niños de alta tecnología que pronuncie nuevas palabras e incluso les permita escribir la palabra. Pueden encontrar la letra en el teclado y desarrollar habilidades de mecanografía de inmediato. Antes de que te des cuenta, estarán por delante en su clase.

## Haz de las actividades diarias un proceso de aprendizaje

Aunque el tiempo de educación ha terminado y el almuerzo ha comenzado, aún puedes continuar enseñándoles. Pregúnteles qué tipo de cereal están comiendo, el color del cereal o el nombre de los utensilios que están usando. Mientras intenta decir la respuesta, sostén el objeto del que están hablando. Hazlo divertido para ellos y mantente en el mismo tema cada semana. La razón por la que te digo durante una semana es para que puedan retener la información. Puedes cambiarlo la próxima semana y aprender con una actividad diaria diferente.

## Habilidades blandas

¿Qué pasa con una madre que siempre le da amor a su hijo? Tiene un corazón extremadamente blando y prácticamente dará todo lo que quiera su pequeño. Lo que está haciendo es facilitarle la vida, pero en realidad esto no funcionará. Necesitas trabajar duro para conseguir cosas. Hay una diferencia cuando se trata de equilibrar todo. Si tu hijo no está aprendiendo disciplina, lo estás preparando para el fracaso. Seguirá sin seguir las reglas y luego se rebelará en situaciones sociales o en el lugar de trabajo. En cambio, es una buena idea hacer un equilibrio entre todo.

Con equilibrio, estás considerando todas las habilidades sociales para una buena crianza. Si no equilibras todo, tu hijo o hija se concentrará en un solo objetivo en la vida. No serán buenos con otras cosas. Por ejemplo, ¿qué pasa si tu hijo solo juega baloncesto y descuida su trabajo escolar? Esto puede ser extremadamente devastador si un día se rompe la pierna durante un juego.

Es muy probable que no puedan volver a jugar. Asegúrate de que sean buenos en muchas cosas diferentes. Al hacer esto, les está dando muchas opciones en su vida.

Cuando sean mayores, pueden convertirse en artistas gráficos o incluso en arquitectos planificadores. Hay tantas cosas diferentes disponibles y necesitas trabajar con lo que son buenos, mientras fortaleces las habilidades con las que necesitan ayuda.

El consuelo y la comprensión van de la mano para la mayoría de los padres. Si tu hijo está teniendo dificultades para hacer amigos en su clase de segundo grado, instintivamente querrás consolarlo. Todos los padres deberían hacer esto. Si no les das consuelo se sentirán solos e incluso molestos. Se apoderará de ellos una sensación de desesperanza y desearán que les prestes más atención. Incluso si nunca has pasado por la misma situación en la que se encuentran, es una buena idea consolarlos.

Hazles saber que todo va a estar bien y que pase lo que pase, siempre estarás ahí para ellos. Te admirarán y vendrán corriendo cuando se enfrenten a una situación problemática.

Los bebés deben ser tratados con las mismas habilidades sociales que mencionamos aquí. Si tu bebé todavía está aprendiendo a caminar o aún no ha comenzado a gatear, debes mostrarle amor siempre que sea posible. La mente humana es muy fuerte y algunos niños incluso pueden recordar cosas de cuando tenían cinco meses, incluso si era solo un recuerdo borroso.

## Habilidades duras

No seas una facilitadora y permitirles hacer lo que quieran. Si tienes un bebé de nueve meses y a menudo llora para conseguir lo que quiere, puedes venir corriendo para calmarlo. Eventualmente, necesitarán aprender a hablar en lugar de concentrarse en llorar. Por eso inventamos algo llamado "autocalmante". En lugar de consolar siempre a tu hijo, deberás dejar que tenga algo de tiempo a solas.

Si lo has intentado todo y ha estado llorando durante horas, debes dejarlo en su cuna. Antes de hacer esto, asegúrese de que no esté pasando nada con ellos desde el punto de vista médico.

Una vez que los coloques, cierra la puerta y déjalos llorar. Puede ser desgarrador para ti escucharlos llorar, pero pronto necesitarán saber que el llanto no siempre recibirá una respuesta. Comenzarás a verlos llorar menos y, mientras les da lecciones de oratoria, comenzarán a confiar en esto para comunicarse.

En otra situación, tienes a tu hijo de tres años que está constantemente corriendo por la casa y siempre te dice "no". Esta es una etapa normal de la vida y muchos niños pasan por esto. Piensan que al decir "no", no tendrán que hacer cosas como comer verduras, bañarse, etc.

Tendrás que mostrarles amor duro en ese punto. Esto significa que, si rechazan la comida y no quieren comer, déjalo estar. Si ven a alguien de la familia comiendo galletas y quieren algunas, diles con calma que primero tendrán que comer el resto de la cena.

Si no le das mucha importancia, tu hijo no se sentirá presionado a hacer cosas que no quiere. Pon la cena que guardaste frente a ellos. Si se lo comen, recompénsalo con una galleta. Esta es una excelente manera de ser firme y aún poder darles lo que quieren. Eventualmente obtendrán el patrón.

## Reconocer logros y temores

**Alaba sus logros**: Elogiar los logros de tu hijo, sin importar cuán pequeños te parezcan, es vital en el proceso de generar confianza. Esto hará que tu hijo se sienta bien consigo mismo y también creará auto confianza porque se sentirá como si estuviera constantemente haciendo cosas que te impresionan.

En realidad, elogiar los logros de tu hijo puede tener un resultado más positivo que señalar constantemente las cosas negativas que él podría hacer. Esto no es sorprendente, ya que señalar siempre lo incorrecto hace que un niño sienta que no puede hacer nada bien. Por otro lado, siempre elogiar los logros de tu hijo y no hablar sobre los errores que está cometiendo también tendrá resultados negativos. Esto se debe a que el niño sentirá que no puede hacer nada malo. Es importante encontrar un equilibrio saludable entre señalar errores y elogiar logros.

Al elogiar los logros, debes tener cuidado de malcriarlos o tratarlos en exceso. Si le das a tu hijo una gran recompensa cada vez que completan una pequeña tarea, naturalmente comenzarán a pensar que esto sucederá cada vez que hagan algo. Esto puede llevar a comportamientos negativos cuando las recompensas se detienen, ya que el niño estará confundido acerca de por qué ya no recibe un premio por una determinada tarea. Se recomienda que las recompensas se guarden para logros mayores. Cuando se trata de logros más pequeños, el reconocimiento verbal o una palmada en la espalda será suficiente.

**Comprende sus miedos:** Comprender los miedos de tu hijo también juega un papel importante en el desarrollo de la confianza en sí mismo. No querrás preparar a tu hijo para el fracaso. Algunas de las cosas que pueden tener miedo de intentar en realidad pueden ser demasiado difíciles para ellos. Una de las peores cosas que puedes hacer es ponerlo en una situación en la que no ganará. Debes hablar con él y descubrir a qué le teme intentar, y determinar si sería una buena idea empujarlo a enfrentar esos miedos.

Una vez que comprendas sus temores y hayas determinado los posibles resultados negativos y positivos de enfrentarlos, puedes tomar la decisión de motivarlo a enfrentarlos. Lograr una tarea que un niño alguna vez temió fracasar es probablemente una de las mejores formas de desarrollar su confianza en sí mismo. Esto se debe a que este proceso les muestra que pueden hacer cosas, sin importar lo difíciles que sean o lo asustados que estén, si se lo proponen.

Presionarlo demasiado puede terminar en un resultado completamente diferente al que tú deseas. Puedes hacer que el niño se sienta ansioso, lo que podría tener un impacto en el resto de su vida. En realidad, esto hace que disminuya aún más su confianza en sí mismos porque la ansiedad puede evitar que puedan realizar otras tareas.

## Enséñales a que aprendan de sus errores

Tu hijo ha estado en este mundo mucho menos que los años que tú tienes. Por lo tanto, tiene sentido que la responsabilidad de enseñarle al niño cómo aprender de los errores recaiga en ti. Como madre, seguramente has tenido que hacer esto muchas veces en el pasado y tienes mucha más experiencia que tu pequeño. Todos cometemos errores y nadie es perfecto. Lo que divide a las personas en las que tienen éxito y las que no, es si una aprende de sus errores o no.

Debes enseñarle a tu hijo a no ser demasiado duro consigo mismo, ni a castigarse cuando comete un error. Debes enseñarles a mirar la situación desde un punto de vista lógico y determinar las cosas que podrían haber hecho de manera diferente para obtener un resultado más deseable. Te sorprenderás de lo mucho que esto aumentará su auto estima. Este proceso madurará el proceso de pensamiento del niño y tendrá más confianza porque sabrá que incluso si no tiene éxito en algo la primera vez, determinará sus errores, volverá a intentarlo y tendrá éxito.

Si tu hijo no aprende de sus errores, probablemente seguirá cometiendo los mismos en el futuro. Esto puede hacer que un niño se sienta atrapado en una rutina o que el éxito nunca llegue. Sentirán que no pueden hacer nada y su motivación hacia la vida irá descendiendo lentamente. Un perfecto ejemplo de esto sería la mayoría de las personas en instituciones correccionales, ya sean adultos o menores. Si le preguntas a los que están allí, probablemente te dirán que nunca nadie les enseñó el valor de aprender de sus errores. Estas personas continuaron cometiendo las mismas equivocaciones hasta que sintieron que la vida era desesperada y renunciaron por completo a tratar de tener éxito.

## Establece responsabilidades, se realista

El establecer responsabilidades para tu hijo, es extremadamente importante. Se recomienda comenzar con responsabilidades simples y avanzar hacia las más grandes una vez que las más pequeñas se puedan ejecutar con un esfuerzo mínimo.

Las responsabilidades básicas ideales para comenzar con los niños serían tareas como limpiar su habitación y hacer su cama. Después de que puedan manejar esto a diario, es posible que desee comenzar a agregar otras, como lavar los platos varias veces a la semana o pasar la aspiradora por la alfombra.

A medida que un niño crece y puede asumir más responsabilidades, es hora de hacer que sus responsabilidades sean más difíciles. Una idea que puede ser adecuada es comprarle una mascota. Se recomienda algo más pequeño que un perro porque la mayoría de las personas no se dan cuenta de la cantidad de cuidados que realmente necesita un perro. Puede ser mejor comenzar con un animal como un hámster o algún pez. El hecho de tener que alimentar a este animal a diario, mientras se ocupa de sus otras necesidades, ayudará a tu hijo a ser más responsable. Completar adecuadamente sus obligaciones también les generará más confianza en sí mismos, ya que verán que son capaces de hacer cosas desafiantes.

Inculcar responsabilidades en la vida diaria de su hijo será un desafío al principio, pero con determinación y esfuerzo será eficaz para aumentar la confianza de su hijo.

### Aprende a aceptar quién es tu hijo

Hay casos en los que ciertas cosas sobre un niño realmente molestan a sus progenitores. Esto puede ser extremadamente perjudicial para el pequeño porque se supone que sus padres son una fuente de aprobación y de afectos continuos.

•**Acepta a su hijo por lo que es**: Puede haber ciertas cosas de tu hijo que desearías que fueran diferentes. La verdad es que tu hijo no puede cambiar ciertas cosas sobre sí mismo. No puedes culpar a tu hijo por lo que es, no pidió que lo trajeran a este mundo, tomaste la decisión de darle vida. Tu hijo también puede hacer ciertas cosas en su vida que tú no apruebas, pero debes aceptarlas como una realidad y encontrar una manera de ayudarlo a cambiar los comportamientos que se consideran dañinos.

Los siguientes son algunos ejemplos de tipos de cosas que su hijo no puede cambiar sobre sí mismo.

**Sexualidad**:
Esta es probablemente el área donde la mayor cantidad de padres tienen dificultades para aceptar a sus hijos por quienes son. Esto puede deberse a puntos de vista morales o antecedentes religiosos o creencias personales. No importa cuál sea la razón, debes aprender a aceptarlo por lo que es. Demostrarle que lo amas por lo que es mejorará enormemente su

confianza en sí mismo y hará que se sienta mucho mejor. Aparte de esto, tratar de obligarlo a cambiar algo sobre sí mismo, como la sexualidad, le causará muchas dificultades en la vida. Lo más probable es que se confundan acerca de quiénes son realmente y esto seguramente destruirá su futuro y su confianza.

### Gustos y disgustos:

Tienes que aprender a aceptar sus gustos, disgustos e intereses. Tienes que entender que solo porque quieras que tu hijo crezca para ser un jugador de fútbol o que tu hija sea una reina de belleza no significa que ellos quieran lo mismo para su futuro. Debes alentarlos a realizar cosas que le gustan en la vida, incluso si no se adhieren a tus sueños y metas establecidos para ellos. Después de todo, es su vida y ellos son los que tienen que vivirla, los padres son solo pasajeros en el viaje que se utilizan como guía.

### Acepta sus fortalezas y debilidades:

Es importante, como madre, que comprendas que es posible que tu hijo no cumpla con todas tus expectativas. Debes recordar ser realista con tus deseos para con él y ser comprensiva cuando no pueda cumplir con uno de ellos. Si muestras constantemente desaprobación cuando un niño no puede cumplir con una de tus metas, destruirás su confianza y lo harás sentir como una persona inferior o inútil. Demuéstrale que lo aceptarás siempre que haga todo lo posible en todo lo que haga, y lo convertirás en una persona más feliz con una vida más exitosa.

Estos fueron solo algunos ejemplos de las innumerables cosas que quizás tengas que aceptar sobre tu hijo algún día. Como se mencionó anteriormente, no tiene que gustarte todo lo que hace, pero es importante que aprendas a aceptarlo, no solo por la confianza y el bienestar del él, sino también por el tuyo.

# Capítulo 4
# La salud del niño

Cinco etapas del desarrollo infantil

## 1.    Recién nacido

Durante el primer mes de vida, los recién nacidos presentan respuestas automáticas a los estímulos externos. En otras palabras, un recién nacido girará la cabeza hacia su mano cuando le acaricies la mejilla o agarres su dedo cuando se lo coloques en la palma. Un recién nacido puede ver objetos de cerca, reconocer ciertos olores, sonreír o llorar para indicar una necesidad y mover la cabeza de un lado a otro.

Los recién nacidos pueden mostrar signos de discapacidades del desarrollo, como espina bífida, trastornos genéticos y síndrome de alcoholismo fetal.

## 2.    Bebé

Los bebés desarrollan nuevas habilidades rápidamente durante el primer año de vida. De los tres a los seis meses, un bebé puede controlar los movimientos de la cabeza y juntar las manos. Entre los seis y los nueve meses de edad, un bebé puede sentarse sin apoyo, balbucear y responder a su nombre. Entre los nueve y los doce meses, un bebé puede levantar objetos, gatear e incluso pararse con apoyo.

El desarrollo lento en los bebés puede ser un signo del síndrome de Down y otras discapacidades del desarrollo.

## 3.    Niño pequeño

Cuando los niños alcanzan las edades entre uno y tres años aprenden a caminar sin ayuda, a subir escaleras y a saltar en el mismo lugar. Pueden sostener un crayón, dibujar un círculo, apilar un bloque encima de otro, usar oraciones cortas e incluso seguir instrucciones simples.

Los Centros para el Control y la Prevención de Enfermedades (CDC) recomiendan la detección del autismo entre los 18 y los 24 meses, o siempre que un padre o un profesional de la salud tenga una inquietud.

## 4.    Preescolar

Entre las edades de tres y cinco años, los niños refinan sus habilidades motoras. Pueden lanzar una pelota por encima de la cabeza, brincar, pararse sobre un pie durante diez segundos o más, vestirse y dibujar a una persona con rasgos.

Los signos de discapacidades del desarrollo, como la parálisis cerebral, pueden aparecer durante esta etapa del desarrollo.

## El TDAH en los niños

El TDAH, significa Trastorno por Déficit de Atención con Hiperactividad, y se considera un trastorno neurológico. La condición se caracteriza por hiperactividad, cambios de humor y olvido. No solo los niños, sino incluso los adultos pueden verse afectados por el trastorno. En la infancia, hasta un 5-8 por ciento de los niños lo padecen, mientras que muchos no son diagnosticados cada año.

El TDAH es un trastorno en el que el paciente se encuentra distraído, ajeno a lo que ocurre a su alrededor o extremadamente activo al realizar sus actividades. La mayoría de los casos en niños se desarrollan antes de los 7 años. Su diagnóstico puede surgir cuando existen problemas sobre su desarrollo. Por ejemplo, pueden mostrar un comportamiento incorrecto en la atención o pueden volverse muy impulsivos, lo que acarrea otros problemas.

Los lugares comunes donde se puede observar esto incluyen la educación, las relaciones familiares y con los compañeros, en habilidades sociales y ocupacionales.

## • Síntomas:

Hay 3 tipos de TDAH, a saber, predominantemente hiperactivo-impulsivo, desatento y el tipo combinado. Los siguientes son algunos de los síntomas del TDAH:

- **Destructividad**

- **Inquietud**

- **Comportamiento impulsivo** que incluye hablar demasiado, interrumpir a los demás y soltar la respuesta antes de que se responda una pregunta. Además, las personas que padecen esta afección normalmente sienten el deseo de decir lo que piensan, lo que generalmente viene con la creación de declaraciones sin considerar sus consecuencias. Los niños pueden sentir la necesidad de replicar a un desafío que se les ha dado.

**- Falta de atención** que podría ser tanto una dificultad para la persistencia en las actividades como para mantener la atención.

**- La hiperactividad** ocurre principalmente en niños en edad escolar intermedia y temprana y normalmente se alivia a medida que crecen.

- También es evidente la dificultad para volver a realizar una tarea reciente.

- En la edad adulta, puede incluir inquietud y la necesidad de mantenerse ocupado físicamente de manera excesiva.

Para los niños, que tienen un tipo de TDAH, predominantemente desatento, los síntomas pueden incluir:

- **Comportamiento lento**
- **Comportamiento confuso**
- **Mirar fijamente con frecuencia**
- **Hipoactivo**
- **Soñar despierto**

El TDAH puede ser un problema grave que los padres deben abordar de inmediato. Por lo tanto, si sospecha que tu hijo podría estar teniendo uno, no lo pienses dos veces y llévalo de inmediato a un profesional médico, quien puede sugerirle formas de abordar el problema de manera eficaz. El diagnóstico temprano significa un tratamiento temprano, ¡así que asegúrese de tomar la decisión correcta hoy!

### Reconoce el cambio de comportamiento de tu hijo

Todos los padres deben preocuparse por cualquier cambio en los patrones de comportamiento que un niño pueda mostrar, ya que estos podrían proporcionar información significativa al padre/madre sobre lo que realmente está sucediendo en la mente del niño y, por lo tanto, en su mundo.

Son varios los beneficios de poder identificar estos cambios, y esta capacidad de leer los cambios a veces puede ser el único medio que tiene una madre para ayudarlo a abordar una situación en particular.

La mayoría de los expertos médicos darán fe del hecho de que la manifestación principal de un comportamiento en particular en un niño generalmente se forma al vincular muchos comportamientos más pequeños.

Al tratar de comprender al niño, la madre tiene que observar con atención las diversas reacciones y manifestaciones de emociones, ya que esto casi siempre indicará claramente el proceso de pensamiento del niño sobre las necesidades, contribuyendo así a un conjunto eventual más uniforme de hábitos de comportamiento que puede ser más fácil leer.

El niño también aprenderá a usar a los padres como su ejemplo principal al observar las diferentes reacciones y patrones de comportamiento de ellos y, en algunos casos, optar por imitarlos con tantas similitudes como sea posible.

Por lo tanto, los padres deben tener mucho cuidado en la forma en que muestran sus propios patrones de comportamiento, ya que deben estar constantemente al tanto de las capacidades y los niveles de comprensión de los niños para copiar tales pantallas.

A través de tales observaciones, los padres podrán enfrentar mejor las diferentes variantes, como un niño de fuerte voluntad, un niño que necesita ser competitivo siempre, un niño que necesita mucho estímulo; y así proporcionarles las lecciones correspondientes según sea necesario.

## Acerca de los defectos de nacimiento

Todos los padres se preocupan por los diversos aspectos de los niños y esto generalmente comienza desde el momento de la concepción y, por lo general, nunca termina.

Los defectos de nacimiento generalmente se definen como cualquier anomalía predominante de la estructura, función o metabolismo corporal que puede o no ser obvia en el momento del nacimiento.

Para las anomalías más visibles, los equipos de apoyo pertinentes podrán ayudar a los padres a aprender cómo lidiar con el defecto congénito o ayudarlos a explorar todas las opciones disponibles, si las hay, para rectificar el defecto tan pronto como sea permitido.

Los defectos estructurales o metabólicos se centrarían principalmente en partes específicas del cuerpo que faltan o están deformadas de alguna manera, lo que puede ser causado por algún problema con la química corporal que, por alguna razón, no pudo crear un bebé completo y perfecto en el útero.

Estos defectos generalmente incluyen casos de espina bífida, paladar hendido, pie zambo y cadera dislocada congénita y muchas otras posibilidades.

Los defectos causados por las infecciones congénitas generalmente pueden resultar en anomalías cuando la madre experimenta una infección antes o durante la etapa del embarazo.

Estas infecciones causarán los defectos de nacimiento y podrían ser en forma de rubéola, citomegalovirus, sífilis, toxoplasmosis, Encefalitis Equina Venezolana (EEV), parvovirus y varicela.

El período de embarazo suele ser una etapa en la que se deben tomar precauciones para limitar las posibilidades de que la madre tenga que hacer frente a la avalancha de males que pueden tener efectos muy dañinos en el feto.

Desafortunadamente, esta presencia de deformidad no siempre se debe a alguna infección, ya que incluso los padres aparentemente sanos a veces se presentan con un niño con ciertas deformaciones.

## Acerca de los trastornos de la conducta

Todos los niños, en un momento u otro, tienen algún tipo de problemas de comportamiento; en su mayoría, es una norma bastante aceptable que la mayoría de los padres suelen afrontar. Sin embargo, cuando un patrón de comportamiento en particular se vuelve consistente y destructivo, se debe ayudar a comprender y rectificar la situación para que todas las partes puedan sobrellevar la situación.

## Comportamiento

Los trastornos de conducta más comunes y que no son realmente amenazantes o demasiado dañinos incluirían a los niños demasiado activos que hacen travesuras, hacen bromas, son ocasionalmente rebeldes y otros patrones de comportamiento más leves.

Sin embargo, cuando estos patrones aparentemente más leves adquieren una muestra de negatividad más seria y siniestra, ya no se puede considerar como normal, sino que ahora se debe pensar como un trastorno de la conducta.

Las señales de advertencia más comunes de este comportamiento negativo y a menudo destructivo serían lastimarse o amenazarse a sí mismos, a las mascotas u otros, administrar o destruir la propiedad, mentir o robar, no tener un buen desempeño académico e incluso faltar a la escuela, fumar temprano, beber y usar drogas, actividad sexual temprana, rabietas y discusiones frecuentes y hostilidad constante hacia figuras de autoridad.

Todas las exhibiciones anteriores ciertamente significarían un niño problemático y los padres casi siempre se sentirían perdidos sobre cómo hacer frente a tales situaciones.

La confusión y la ira que sienten ambos lados deben tratarse de manera adecuada para que se pueda avanzar para tratar de superar esta negatividad y ayudar al niño a aceptar la idea de ayuda con el objetivo de recuperar un comportamiento más tranquilo y mejor con el que otros puedan vivir.

Investigaciones recientes han podido demostrar que no siempre son las circunstancias externas las que contribuyen a los patrones de comportamiento negativos, sino que a veces pueden deberse a algún trastorno en el cerebro.

La falta o desequilibrio de ciertas sustancias químicas en el cerebro puede ser una de las causas del comportamiento que se experimenta, por lo que también es necesario explorar esta posibilidad.

## Importancia de la nutrición infantil

Las siguientes son algunas recomendaciones a considerar al mantener el equilibrio nutricional de un niño, principalmente en su ingesta diaria de alimentos:

• Siempre asegúrese de ofrecer bocadillos nutritivos como frutas frescas, verduras y yogur. Cuando un niño elige habitualmente tales bocadillos llenos de nutrientes, efectivamente disminuye la posibilidad de elecciones e ingestas de alimentos poco saludables.

• Enseñarle a un niño la importancia de tomar un vaso de agua en lugar de bebidas endulzadas es otro buen hábito para inculcar. El agua no solo es una alternativa más barata, sino que también es, en última instancia, el único líquido totalmente saludable para consumir.

• Compartir una comida nutritiva con un niño, tan a menudo como sea posible, ayudará a alentar al niño a tomar decisiones saludables simplemente observando los hábitos alimenticios positivos del adulto.

Básicamente, con una ingesta nutricional adecuada, el niño podrá desarrollarse mental y físicamente sin problemas inusuales. Las condiciones de salud del niño también mejorarían tanto en la etapa de crecimiento como como una buena base para la futura etapa adulta de la vida.

### Nutrientes

Las siguientes son algunas de las deficiencias que probablemente se presenten en la salud de los niños:

• **Vitamina D**: esto es común en los bebés nacidos de madres con niveles bajos de vitamina D en sus propios sistemas corporales. Esto generalmente conduce al desarrollo de raquitismo, que es una enfermedad de debilitación ósea.

• **Vitamina K**: se está convirtiendo en una práctica muy común administrar una dosis de esta vitamina a un recién nacido, ya que ayuda a prevenir una afección poco común que causa hemorragia en el cerebro.

• **Hierro**: la mayoría de los bebés que no son amamantados durante más de 6 meses por lo general tienen riesgo de desarrollar deficiencia de hierro durante el primer año. Esto se puede cambiar con algunos alimentos adicionales en el plan de dieta, además de depender simplemente de la leche materna para sustentar.

•**Vitamina A**: este es un nutriente soluble en grasa que se almacena en el cuerpo y se usa de acuerdo con las necesidades del cuerpo y cuando hay una cantidad insuficiente de esta vitamina en el sistema infantil, se producen infecciones frecuentes.


**Dieta equilibrada**

La nutrición de los niños se basa en principios similares de la nutrición de los adultos. Todos necesitamos tipos similares de nutrientes, incluidos minerales, proteínas, grasas, carbohidratos y vitaminas. Sin embargo, los niños tienen necesidades específicas que deben mantenerse adecuadamente.

Alimentar a los niños pequeños con una dieta equilibrada puede resultar muy difícil, especialmente cuando pertenece al grupo de los comensales quisquillosos. Con este problema, es posible que te preocupes que no obtenga los nutrientes suficientes para crecer y mantenerse saludable.

Una dieta equilibrada contiene una amplia gama de alimentos, que se consumen diariamente en combinaciones variadas. Al comer muchos alimentos diferentes, esto puede ayudar a proporcionarle a tu hijo todas las vitaminas y nutrientes que su cuerpo necesita.

Por otro lado, darle a tu hijo una dieta balanceada diariamente podría ser un desafío. Por lo tanto, trata de no pensar demasiado cuando no siempre lo logras, porque siempre que él consuma bien la mayoría de las veces, estará obteniendo muchos nutrientes que necesita.

La mayoría de las personas comen sobre la marcha o mientras hacen algo como la multitarea, y los niños han aprendido a captar este mal hábito. Cuando esto sucede, se presta muy poca atención a lo que se consume, ya que la principal preocupación aquí es satisfacer los dolores del hambre.

Por lo tanto, en la búsqueda de enfocarse en una dieta más basada en la nutrición, lo primero que se debe hacer sería establecer momentos específicos para las comidas en los que todo el ejercicio está diseñado para enfocarse en los alimentos y en el proceso de comer.

Lo siguiente sería planificar realmente las necesidades dietéticas del niño de acuerdo con los mejores valores nutricionales de los alimentos elegidos. La inclusión de una gran cantidad de frutas y verduras frescas, especialmente las de hojas verdes y de colores, en el plan de dieta debe tener cierto nivel de importancia.

Si bien comer proteínas y carbohidratos también es necesario para los patrones de crecimiento óptimos, debe hacerse de manera controlada para garantizar un equilibrio cómodo y saludable. Los fitonutrientes de estas fuentes producirán la cantidad necesaria de vitamina C, E y betacaroteno.

Otro nutriente importante para el desarrollo infantil óptimo incluiría el carotenoide que incluye alfa y betacaroteno, licopeno, luteína y zeaxantina, todos los cuales se convierten en vitamina A para las funciones corporales. Una buena dosis de flavonoides cargados de antioxidantes también ayuda a controlar las arterias y los niveles de colesterol del niño.

## Planificación

La presencia de insalubridad en una comida es especialmente cierta cuando se trata de la variedad de alimentos fritos donde el principal ingrediente insalubre en el método de preparación es el aceite.

Este estilo de preparación debe reconsiderarse siempre que sea posible y se deben elegir sustitutos como hornear o asar a la parrilla.

Las comidas coloridas a menudo son bien recibidas por los niños, ya que se sienten atraídos naturalmente por los distintos colores de los alimentos. Por lo tanto, hay que alentar la elección de preparar ensaladas como opción de comida rápida.

Tener solo bocadillos que tengan un buen contenido nutricional disponible para el niño garantizará que la necesidad y la fuente de bocadillos no saludables se reduzcan al mínimo.

La planificación de las comidas también debe incluir una variedad de sándwiches y, nuevamente, la idea es proporcionar color y variedad. Hacer sándwiches con bajo contenido de harina en grasa y usar un relleno hecho con ingredientes a la parrilla o horneados sería mejor que los rellenos fritos.

## Vitaminas

**Calcio**: para tener huesos y dientes sanos, es necesario tener la cantidad adecuada de calcio en el sistema corporal en todo momento. Los niños en crecimiento necesitan este elemento para garantizar un crecimiento óptimo. El calcio se puede obtener consumiendo leche, productos lácteos, espinacas, col y almendras.

**Hierro**: el hierro ayuda a mantener la sangre sana y que el oxígeno fluya bien hacia los tejidos. Cualquier falta de hierro en el sistema corporal causará una condición anémica y esto puede causar muchos efectos negativos en el niño. El hierro se puede obtener de las carnes rojas, los frijoles (legumbres en general) y el hierro fortifica los alimentos como a ciertos cereales.

**Magnesio**: este mineral se usa para mantener el corazón latiendo de manera saludable y también crea un sistema inmunológico y huesos fuertes. Para los niños en crecimiento, este es un elemento importante que debe garantizarse, ya que estos grupos de edad tienden a tener más golpes, caídas y accidentes menores que otros grupos de edad. Una buena fuente de magnesio serían los cereales integrales, el pescado, las nueces, las patatas y los productos lácteos.

**Potasio**: este es otro elemento importante que se necesita para garantizar que las funciones corporales óptimas se desarrollen en consecuencia. Estos incluirían el desarrollo de los riñones y las condiciones de presión arterial. Se puede obtener una buena fuente de potasio de las patatas, los plátanos, los aguacates y el pescado.

**Trastornos alimenticios**

Hay tres tipos principales de trastornos alimentarios e incluyen el trastorno de Pica, el trastorno de la rumia y el trastorno alimentario de la infancia o la niñez temprana.

El trastorno de Pica se centra en la ingestión de material no alimentario, como juguetes peligrosos, etc. El trastorno de la rumia es una afección alimentaria crónica que se centra en la regurgitación de los alimentos ingeridos, pero que no es lo suficientemente grave como para clasificarla como vómitos. Por último, está el trastorno de la alimentación de la infancia, y es aquí donde la desnutrición no es causada por un problema médico.

En la búsqueda de abordar adecuadamente este problema, hay varias recomendaciones que pueden y deben seguirse, ya que esto eventualmente ayudaría a crear una mejor experiencia de alimentación tanto para el niño como para el adulto involucrado en el ejercicio.

Si se siguen cuidadosamente estas recomendaciones, también es posible revertir el trastorno alimentario para ayudar al niño a adaptarse a los patrones de alimentación normales, lo que será beneficioso para la salud en general y también tendrá los beneficios adicionales para que el niño pueda imitar bien los hábitos alimenticios que son más aceptables socialmente.

Aumentar la cantidad de calorías, minerales, vitaminas y cantidades de líquidos que consume el niño es una forma de lograr que el mismo tenga un plan de alimentación más equilibrado y aceptable. Asegurarse de que la comida se presente con un diseño atractivo y con variedad también fomentará cooperación por parte del niño para participar realmente en la comida presentada. Tratar de identificar la presencia de cualquier enfermedad que pueda contribuir al trastorno alimentario es también otro ejercicio que se puede realizar para corregir el problema del trastorno alimentario.

**Ocho trucos para que sus hijos coman alimentos saludables**

Es más fácil decirlo que hacerlo, pero hay formas.

La dieta de un niño debe ser alta en frutas y verduras, alta en carbohidratos complejos como pan integral, pasta integral y arroz integral y relativamente baja en grasas y alimentos azucarados. También debe ser bajo en sal. Pero como muchos de nosotros sabemos, hacer que los niños coman lo que es bueno para ellos puede ser más fácil de decir que de hacer. Entonces, ¿cómo logras que tu hijo coma una dieta saludable? Comer es esencialmente un comportamiento aprendido, por lo que aquí hay ocho consejos simples para fomentar una mejor alimentación.

## 1. Consigue un frutero

Compra fruta y tráela a casa. A los niños les gusta buscar y agarrar comida cuando tienen hambre. Si hay bolsas de patatas fritas alrededor, las agarrarán. Pero si hay fruta, entonces esto es lo que encontrarán cuando tengan hambre. Así que compra uvas, plátanos pequeños y manzanas y colócalos en un frutero. Luego, coloca el frutero en un lugar central donde tus hijos puedan alcanzarlo cuando tengan hambre.

## 2. Usa la alimentación sin sentido de una buena manera

El lugar donde te encuentras cuando comes influye en la cantidad que comes y lo que podrías comer. Y la distracción se puede utilizar como herramienta. Tira una caja de uvas en la parte trasera del automóvil o intenta darle a tu hijo un tazón de frutas picadas o palitos de zanahoria cuando esté viendo la televisión y observa cómo desaparece mientras lo atraviesa sin pensar.

### 3. Compra lo que quieras que coman

Tú estás a cargo del dinero, las compras y la cocina. Así que compra verduras, pan integral y frutas y tráelos a la casa. Luego dáselos a tus hijos. No pueden comer verduras si no se ofrecen. Y solo comerá pan blanco si eso es lo que compras.

### 4. Utiliza la presión de los compañeros

Es posible que los niños no coman coliflor / brócoli / frijoles en casa, pero extrañamente los devorarán cuando estén en la casa de un amigo. Entonces, cuando vayan a tomar el té con un amigo, nunca digas "no les gusta X" y si te preguntan "¿qué les gusta?" simplemente responde "dales de comer lo que sea que vayas a cocinar". Del mismo modo, cuando tengas niños para tomar el té, dales a todos lo mismo, e incluso utiliza el momento para cocinar una comida que sepas que tu hijo suele rechazar. Si su amigo se lo come, es muy posible que él también lo haga.

### 5. Persistir

Seguir adelante es siempre la clave. A los niños les gusta lo que saben y saben lo que obtienen. Y a algunos no les gusta el cambio. Pero si persistes, muy pronto lo que saben cambiará y también lo que les gusta, especialmente si comes con ellos y les demuestras que te gusta la comida que quieres que coman. Un día simplemente se lo comerán. Y no olvides la presión de los compañeros, ya que esto es particularmente efectivo si tienen un amigo para tomar el té. Si su amigo come brócoli, tu hijo también lo hará.

## 6. No lo menciones

En su forma más simple, si no mencionas que la pasta / arroz / pan, ahora son de color marrón, los niños no notarán la diferencia. En realidad, no tienen un sabor tan diferente, especialmente cuando están cubiertos con salsa o tostados y con mantequilla.

Pero si sientes que tus hijos son más sensibles a tales cosas, mezcla las cosas por un tiempo. Cocina la pasta que sea mitad blanca y mitad marrón y ve cómo le va. Puedes mezclarlo con pasta naranja, verde y marrón para que tenga un color diferente y es probable que se lo coman. Hoy en día incluso hay pan integral que parece blanco que podrías usar. Luego, después de un tiempo, diles "por cierto, eso es pan integral que has estado comiendo".

## 7. Sé un buen modelo a seguir

Come con tus hijos tanto como sea posible y comenta lo buenos que son los vegetales. En lugar de decir "come tus frijoles, son buenos para ti", intenta decir "come algunos frijoles, son muy jugosos". Luego déjate ver comer tus propias verduras y disfrútalas.

## 8. Di las cosas correctas

No digas "vamos a comer pan integral porque es más saludable". La salud no funciona realmente como una motivación para los niños, ya que ellos viven el presente y no visualizan el futuro. Se positiva y di "este pan es mucho más abundante" o "esta pasta va mucho mejor con esta salsa" o incluso "este arroz es mucho más cool que el otro arroz" o simplemente "ooh, esto es encantador". Luego come tu comida con placer delante de ellos.

## Conceptos básicos de salud infantil

Mantener al niño sano es realmente responsabilidad de los padres, al igual que enseñarle a adoptar un buen hábito que ayudará a evitar que el niño se exponga innecesariamente a algo que no sea saludable.

Sin embargo, si existiera la necesidad de abordar cualquier condición de salud menos deseable, puede ser prudente buscar consejo médico en la etapa más temprana posible.

También existe la posibilidad de utilizar un enfoque más holístico para tratar infecciones leves, ya que no siempre es bueno bombear a un niño con pastillas y medicamentos que pueden tener efectos secundarios residuales a largo plazo.

Además de un plan de dieta saludable y nutricionalmente equilibrado, los padres también deben enseñar al niño buenos hábitos de higiene. Esto debe practicarse tanto en casa como fuera del hogar.

Acciones sencillas como lavarse las manos antes de las comidas y también cuando se utilizan instalaciones públicas contribuirán en gran medida a que el niño no se exponga a los gérmenes. También debes enseñarles a evitar compartir las comidas con personas que tengan algún tipo de infección.


## Buenos hábitos

Como los niños son por naturaleza pequeños seres muy activos y curiosos, sería casi imposible esperar que se mantuvieran ordenados y limpios todo el tiempo, de ahí la necesidad de inculcar hábitos que al menos los mantendrían razonablemente aislados para contraer cualquier elemento negativo innecesario.

Las siguientes son algunas de las acciones más inmediatas que se le pueden enseñar al niño para ayudar a mantener cierto nivel de estándares de higiene saludable:

- **Lavarse las manos**: esto debe practicarse con la frecuencia necesaria, dependiendo de las actividades que el niño realice a diario. Lavarse las manos antes de las comidas y después de tocar objetos extraños o instalaciones públicas es una acción que debe inculcarse firmemente en la percepción general del niño sobre cómo mantenerse higiénicamente consciente.

- **Limpiar la nariz, toser y estornudar** también es algo que idealmente debería enseñarse al niño desde una edad muy temprana. Esto ayudará al niño a comprender que, al mantener ese hábito, ayudará a su vez a mantener bajo control la propagación de posibles infecciones.

- **Mantener las uñas y el cabello limpios** también es otro buen hábito de higiene para enseñar. La suciedad y los gérmenes suelen ser bastante frecuentes aquí, de ahí la necesidad de garantizar que se mantenga algún nivel de higiene.

## Visitas al médico y vacunas

Hay varias vacunas diferentes que un niño debe recibir para garantizar que las enfermedades se mantengan a raya de manera efectiva.

Sin embargo, durante el transcurso de la administración de estas vacunas, el niño puede desarrollar una adversidad hacia la idea de tener que visitar al médico, ya que la mayoría de estas visitas estarían relacionadas con incidencias bastante desagradables.

Por lo tanto, aunque la importancia de la vacunación nunca debe pasarse por alto en favor de apaciguar los temores del niño, explorar formas de hacer que las visitas al médico sean menos estresantes puede ser algo a considerar.

Sin embargo, demasiadas visitas al médico tampoco son realmente una opción aconsejable, ya que esto también expondrá al niño a otras enfermedades infecciosas que contrajo de otros niños presentes en el consultorio del médico.

A veces, primero se debe considerar tratar afecciones médicas leves en el hogar.

Las siguientes son algunas de las vacunas y pruebas más comunes que generalmente se realizan en el consultorio del médico para el niño:

Nacimiento: por lo general, es necesario realizar el análisis de sangre de detección de hepatitis B común y al mismo tiempo realizar otros controles correspondientes para asegurarse de que todo esté bien con el bebé recién nacido.

Estos controles se administrarán sistemáticamente durante las próximas dos semanas en caso de que sea necesario mantener al niño bajo una estrecha supervisión.

En la marca de dos meses se le administrarán al niño las vacunas DTaP, Hib, PCV, Rotavirus e IPV.

Estas se administran generalmente en el consultorio del médico con el propósito principal de evitar que enfermedades como la difteria, el tétanos, la tos ferina acelular, la hepatitis B, la Haemophilus influenza tipo B, las enfermedades neumocócicas y la poliomielitis que pueden infectar el sistema inmunológico del niño.

Lo mismo se repite tanto en el intervalo de cuatro meses como en el intervalo de seis meses del crecimiento del niño.

A los doce meses, el niño debe recibir las vacunas MMR, Hepatitis y Varicela.

## Descansar y jugar

Se debe alentar a los niños a que realicen mucha actividad física a diario, ya que esto contribuirá positivamente a fortalecer los músculos y las condiciones óseas.

También asegurará que el niño tenga menos probabilidades de tener sobrepeso. El riesgo de contraer una serie de enfermedades también se reducirá significativamente cuando la condición corporal sea saludable debido a la cantidad adecuada de ejercicio que está condicionado a experimentar.

Una hora al día sería un marco de tiempo ideal para realizar una actividad física intensa. Esto podría ser en forma de deportes, juegos, trotar en el parque o simplemente caminar rápido hacia y desde la escuela.

El descanso es también otro elemento importante que debe formar parte del régimen diario de estilo de vida saludable del niño.

Tener una rutina de ejercicios activa ayudará a dormir mejor y, por lo tanto, contribuirá a mejorar las condiciones generales del cuerpo y la mente. Una cantidad adecuada de sueño permitirá que el niño esté mejor preparado para afrontar el día, y tanto cuerpo como mente habrán disfrutado de un descanso adecuado.

## Limita las cosas malas

Dada la oportunidad, la mayoría de los niños de hoy en día preferirían optar por ver su programa de televisión favorito o navegar por Internet indefinidamente, ya que, sin duda, es posible una visualización prolongada en ambas plataformas.

Las siguientes son algunas formas que pueden usarse de manera efectiva para desviar la atención del niño de estas actividades raramente beneficiosas hacia algo más productivo mental y físicamente:

• Colocar el televisor o el acceso a Internet en un área donde haya mucha actividad ayudará a mantener altos los niveles de distracción, lo que hará que sea bastante difícil disfrutar de cualquiera de estas actividades durante mucho tiempo.

• También asegurándose de que haya muchas otras actividades y posibilidades de entretenimiento, como juegos de mesa y libros, para que el niño tenga opciones disponibles para explorar en lugar de solo la televisión o Internet.

•Establecer una asignación diaria para ver televisión o navegar por Internet también sería algo a considerar. Una vez que se agota esta cuota diaria, se debe alentar estrictamente al niño a buscar otras formas de entretenimiento, preferiblemente algo que implique algún tipo de actividad al aire libre.

•Para asegurarse de que esto sea más interesante, se alentará la participación de los padres, ya que esto hará que el niño se sienta querido y, por lo tanto, hará que todo el ejercicio sea más agradable.

•Hacer que la televisión o el acceso a Internet sea algo que debería ganarse en lugar de algo que esté disponible para tomar es otro método eficaz para limitar el acceso a ambos.

•Permitir que el niño acceda a cualquiera de estos, solo después de que se hayan completado las tareas del hogar, no solo fomentará la responsabilidad y la disciplina, sino que también ayudará al niño a comprender los méritos de las recompensas.

**Enfermedad**

Las siguientes son algunas de las enfermedades infantiles más comunes:

**Virus sincitial respiratorio**: es una enfermedad bastante común que se intensifica aún más con la presencia del virus de la gripe; por lo general, causa muchos problemas al niño. Estos incluirían neumonía y bronquiolitis, inflamación de las pequeñas vías respiratorias de los pulmones y dificultad general para respirar.

**Quinta enfermedad** o también conocida como enfermedad de las mejillas abofeteadas: esto generalmente se ve como una erupción roja de encaje que aparecería en el torso y las extremidades del niño.

Aunque es posible que el niño no experimente posibilidades graves que pongan en peligro su vida, no obstante, es una experiencia bastante incómoda, especialmente para los niños más pequeños.

**Enfermedad de manos, pies y boca**: se considera una enfermedad bastante común en la que aparecerán ampollas o llagas dentro de la boca y en las palmas de las manos y también en las plantas de los pies.

El virus que causa esta enfermedad creará muchas molestias, pero no es realmente grave y, por lo general, decapitará después de unos 10 días.

**Fiebre escarlata** o también conocida a veces como faringitis estreptocócica: esta infección suele hacer que el niño experimente un dolor severo en el área de la garganta acompañado de un episodio de fiebre alta.

La erupción de la escarlatina generalmente comienza en el pecho y luego se extiende al abdomen y luego a todo el cuerpo. Por lo general, tiene un aspecto similar al de los parches de quemaduras solares de color rojo brillante.

# Capítulo 5
# El niño y su educación sexual

En la actualidad, las conversaciones sobre escenarios sexuales se consideran uno de los temas más comunes entre padres e hijos. Si planeas hablar con él sobre el sexo, hay muchos factores que debes tener en cuenta. Es muy imperativo que tengas una comprensión superior sobre el mundo real de las conversaciones sobre escenarios sexuales.

Cuando escuchas el término "conversaciones de escenarios sexuales", ¿qué es lo primero que te viene a la mente? Hablar con tu hijo sobre el sexo no es una tarea fácil en absoluto, ya que requiere tiempo, esfuerzo e investigación exhaustiva para asegurarte de que lo harás correctamente.

Toda la información valiosa que necesitas para tener esta discusión se encuentra en este libro. Solo sigue leyendo y asegúrate de prestar atención a la información porque probablemente te hará las cosas mucho más fáciles.

**Conceptos básicos de las conversaciones sexuales**

Hablar con tu hijo sobre el sexo puede resultar incómodo, especialmente para las madres con niños en edad preescolar o en la pubertad. Como madre, es muy importante que estés consciente de las difíciles discusiones que tendrás que abordar con él.

Al aprender todas las respuestas adecuadas a las posibles preguntas que te puedan hacer, aumentará en gran medida las posibilidades de tener una conversación exitosa. Como te dije antes, esta puede ser una discusión difícil, con vergüenza para ambos lados, pero es necesaria.

**Pautas para hablar con tu hijo sobre educación sexual**

Antes de hablar con tu hijo sobre el sexo, hay varias pautas que debes tener en cuenta.

- **Hablar con su hijo en edad preescolar**

Es un hecho que a los bebés les interesan las partes del nombre del cuerpo. Si notas que se tocan los genitales, lo primero que debes hacer es enseñarles sobre el lugar correcto e incorrecto para esto, especialmente sobre los lugares privados. Se recomienda utilizar la terminología adecuada, como vagina y pene. Al hacer esto, puedes ayudarlo a comprender completamente su propio cuerpo y, al mismo tiempo, disminuir cualquier sensación de confusión y vergüenza.

- **Hablar de educación sexual para niños de 5 a 8 años**

Durante esta edad, la mayoría de los niños sienten curiosidad por su nacimiento. En esta etapa, las niñas también están comenzando la menstruación y hay algunas que experimentan la pubertad desde los 8 años. Como madre, debes preparar a tu hijo durante esta etapa con anticipación. También puedes hablar con él sobre el sexo opuesto y estar relajada, ya que es parte del desarrollo natural. Se considera que leer cuentos es la mejor manera de hablar sobre las relaciones y los sentimientos. Las explicaciones también se pueden establecer en el contexto de su propio sistema de valores.

- **Hablar de sexo con niños de 8 a 12 años**

Alrededor de los 8-12 años, los niños comienzan a entrar en la pubertad. Los niños deben estar informados sobre las emisiones nocturnas y las erecciones y las niñas también deben estar al tanto de la menstruación. Debes informarles sobre este asunto, ya que es parte del proceso de crecimiento. Durante esta edad, los niños se vuelven más conscientes de su propio cuerpo y al mismo tiempo notarás que tienen amigos que comienzan a madurar sexualmente. Hay tres duelos: La pérdida del cuerpo de niño, el saber que los padres ya no son los superhéroes, y la necesidad de que no lo traten como a un bebé. Éste es también el momento en que conversan con sus amigos sobre el sexo y esta es una de las razones por las que debes brindarles información precisa sobre la pubertad. También puedes preguntarle a tu hijo sobre lo que sabe y corregir su información errónea.

- **Hablar con adolescentes de alrededor de 13 años sobre el sexo**

Durante esta etapa, ya han llegado al período de la pubertad. En este momento, tu hijo debe conocer el lenguaje correcto y, al mismo tiempo, los conceptos básicos sobre el cuerpo y la sexualidad. También debes asegurarte de mantener un diálogo bidireccional con él y alertarlo sobre los riesgos de las enfermedades de transmisión sexual. Como madre, también debes estar preparada para el tema de la pornografía, ya que los adolescentes generalmente verán ésta en línea. Este también es el mejor momento para hablar con tu hijo sobre el amor y las relaciones. Al hacer esto, conocerás la madurez emocional de tu hijo y esto lo guiará con su discusión. Debes estar preparada para responder sus preguntas, especialmente cuando tu hijo te pregunte sobre relaciones sexuales, matrimonio y anticoncepción. La masturbación es un hecho natural y algo saludable, sin embargo, debes explicarle que este asunto es privado. Según las investigaciones, la masturbación es una forma natural y segura de aliviar sus fuertes sentimientos sexuales sin los riesgos de embarazo y enfermedades de transmisión sexual.

## Las mejores fuentes para adquirir conocimientos sexuales

Hoy en día, existen muchas fuentes excelentes que te ayudarán a adquirir conocimientos sexuales. Si planeas hablar con tu hijo sobre el tema, lo primero que debe hacer es recopilar información y detalles precisos y precisos.

### • Los medios de comunicación

La mayoría de los adolescentes y niños en la actualidad están bombardeados de contenidos e imágenes sexuales en películas, radio, televisión y revistas. Según estudios, los mensajes mediáticos de la televisión se consideran la primera introducción al mundo real del sexo. En lugar de conocer y aprender la importancia de ser responsable con respecto al sexo, la mayoría de los adolescentes y los niños reciben mensajes contradictorios de personajes románticos y sexualizados que se retratan en los medios de comunicación. Como madre, es muy importante que les hable sobre las cosas que ven y consumen.

Los medios están por todas partes y esta es una de las razones por las que es imposible bloquearlos. La mejor manera de hablar con tu hijo sobre el sexo es unirte a él mientras ve televisión y, al mismo tiempo, abordar algunos de los escenarios sexuales que encuentran. También puedes señalar algunos de los anuncios y explicarle los mensajes que los anuncios quieren transmitir a sus espectadores (consumidores). Sin embargo, también debes tener en cuenta que los medios no se limitan solo a la televisión. En el último año, Internet ha crecido drásticamente como parte del mundo del entretenimiento y este es reconocido como uno de las más importantes fuentes de medios que la mayoría de la gente ve todos los días. En relación con esto, también hay videojuegos que tienen temas sexuales y esta es una de las cosas importantes que debes hablar con tu hijo. Además, también puedes hacer uso de recursos en línea que te ayudarán a enseñarle sobre su sexualidad. También puedes guiarlos mientras usan sus computadoras y navegar por algunos de los sitios web de educación sexual que están ampliamente disponibles en la actualidad.

Debes explicarle a tu hijo que ver pornografía es un hábito normal, especialmente para los adolescentes, sin embargo, también debes discutir con ellos que la pornografía tiene la capacidad de crear expectativas sobre el mundo real del sexo que generalmente son poco realistas, particularmente cuando se trata del comportamiento, los deseos y la apariencia de las mujeres. También debes señalar que la intimidad emocional es una gran parte del sexo. La sexualidad es una parte nueva de la vida de tu hijo de la que puede aprender y explorar, pero también debes guiarlo para que evite las actividades sexuales a una edad temprana.

* **Compañeros**

Los adolescentes y los niños hablan con sus compañeros sobre el sexo para obtener apoyo emocional. Sin embargo, los compañeros dan información inexacta sobre la sexualidad. La mayoría de los grupos de pares difunden falsos mitos sobre el tema y este es uno de los asuntos importantes que debes conocer.

Las conversaciones sexuales con adolescentes probablemente se centrarán en formas de prevenir el embarazo, tener múltiples parejas y conquistas sexuales. Estas conversaciones también pueden implicar emitir juicios o burlarse sobre actitudes y comportamientos sexuales que pueden conducir a comportamientos negativos y serios.

* **Educadores escolares**

No todas las universidades o escuelas enseñan sobre sexo o sexualidad. También hay escuelas que ofrecen cursos de educación sexual. Sin embargo, no brindan a sus estudiantes una educación sexual completa. En línea con esto, también hay educadores escolares que presentan información clínica sobre el tema, sin embargo, no abordan los temas emocionales.

Según investigaciones, hay algunos adolescentes que no están satisfechos con la enseñanza de sus escuelas sobre el sexo ya que no se discute el lado realista que involucra sentimientos y expresiones.

### Usa libros apropiados para su edad

En los últimos años ha habido una amplia variedad de libros de educación sexual que están disponibles en línea. Hablar con tu hijo sobre el sexo es un tema incómodo. Sin embargo, con la existencia de libros sobre la temática que son apropiados para cada edad, la tarea es más sencilla. Estos manuscritos sirven de
punto de partida para las conversaciones relacionadas con el sexo con tu hijo.

Los libros también se consideran una red de seguridad si la conversación falla por completo. Los siguientes son algunos de los beneficios de leer libros apropiados para su edad que están diseñados de manera creativa y pensados para los menores.

### Las ventajas de leer libros apropiados para la edad

La mayoría de los libros sobre sexo apropiados para la edad están diseñados para varias edades y esta es una de las razones por las que puedes elegir fácilmente los mejores libros que se adapten a la edad de tu hijo. Cuando él lea estos libros, puedes estar segura de que aprenderá muchas cosas y, al mismo tiempo, la mayoría de sus preguntas sobre sexo obtendrán respuestas precisas y veraces.

La mayoría de los adolescentes consideran a sus padres como su mayor influencia, especialmente cuando se trata de sus decisiones sobre su sexualidad. Aquellos adolescentes que tienen buenas conversaciones con sus padres y leen libros apropiados para su edad tienen más probabilidades de retrasar su actividad sexual, usar anticonceptivos como condones y tener menos parejas.

## Los consejos eficaces y útiles para hablar con su hijo sobre el sexo

Para comenzar tu conversación, debes asegurarte de tener suficientes fuentes y, al mismo tiempo, debes incluir tu propia moral y valores. Una madre con buena moral y valores puede ayudar mucho a su hijo a enfrentar los problemas sexuales que encontrarán.

• Supera tu vergüenza

• No sermonear

En la actualidad, los niños no quieren que se les dé lecciones, así que evita dar lecciones. Lo mejor que puedes hacer es presentar la suficiente información y detalles y tener discusiones exhaustivas sobre este asunto. Tu hijo tomará sus propias decisiones sobre el sexo; sin embargo, como madre, es muy importante que le brindes información y recursos precisos que lo ayudarán a tomar decisiones informadas. Es cierto que las conversaciones y discusiones beneficiarán a tu hijo mejor que las conferencias. También puedes estar segura de que tu hijo te escuchará.

• Enséñales sobre los peligros y los placeres del sexo

Según los estudios, el sexo no es una parte mala de la vida y no hay razón para que le tengas miedo. Sin embargo, hay algunas personas que consideran que el sexo es peligroso. En la vida real, el sexo es natural y hermoso y ésta es una de las razones por las que tu hijo debe estar equipado con los conocimientos adecuados y una mejor comprensión sobre el tema.

• Fomentar las preguntas y abrir debates honestos

Cuando notes que tu hijo está empezando a interesarse por el sexo, es el momento adecuado para que lo animes a formular preguntas y entables conversaciones honestas con él. Según estudios, el contenido sexual está en todas partes, especialmente si tienes acceso a cable e internet o cualquier tipo de medio.

No hay otra forma de mantenerte cómoda, informada y segura sobre el sexo que no sea hablar de ello abiertamente.

# Palabras finales:

No existe un amor más puro y sincero que el que una madre siente por sus hijos. Es un amor que sabemos que durará para toda la vida o incluso más, puesto que el sentimiento siempre estará en el corazón de una madre, pero también el de un hijo. Una madre es una maestra, una guía, es quien sabe qué necesita su hijo a cada momento, quien debe guiarle en este mundo.

En este amor tan puro también se pueden encontrar dificultades, porque una madre también llora, se preocupa -por infinidad de cosas- y siente tristeza. Ser madre significa ser madre también -en cierto modo- de todos los niños del mundo y empatizar cuando un niño o una madre están pasando por una dificultad. El sentimiento materno sólo lo entienden las madres y todas nosotras lo sabemos, por eso aunamos fuerzas en ayuda a otras madres o niños que sabemos que lo están pasando mal en algún momento de su vida.

Ser madre también significa saber que hay que poner límites, pero sin cortar las alas. Porque los niños deben aprender a crecer.

######